DOCUMENT RÉ
TITULAIRE D'UNE
(UNIVERSIT

Meursault, contre-enquête

Kamel Daoud

lePetitLittéraire.fr

10 % DE RÉDUCTION SUR www.lePetitLitteraire.fr

Rendez-vous sur lePetitLittéraire.fr et découvrez :

- plus de 1200 analyses
- claires et synthétiques
- téléchargeables en 30 secondes
- à imprimer chez soi

Code promo : LPL-PRINT-10

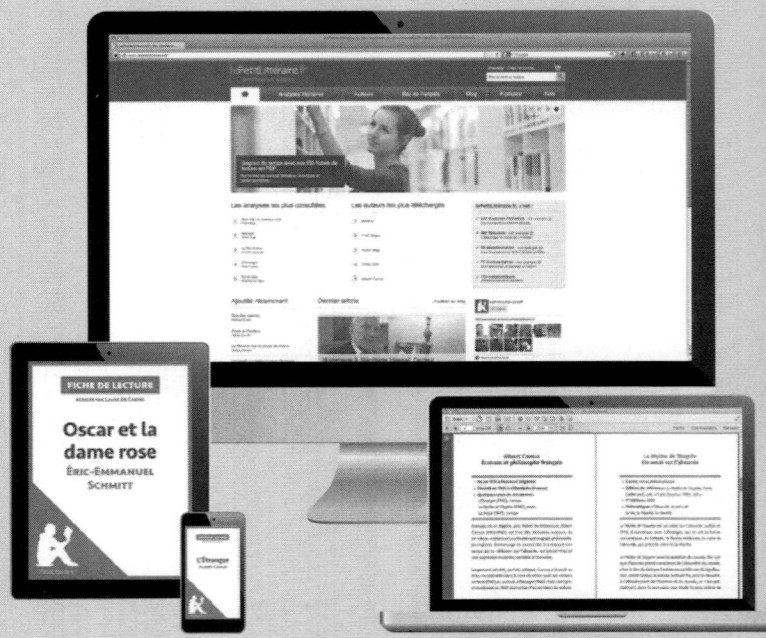

KAMEL DAOUD 5

MEURSAULT, CONTRE-ENQUÊTE 6

RÉSUMÉ 7

ÉTUDE DES PERSONNAGES 13

Haroun Ouled El-Assasse

Moussa Ouled El-Assasse

La mère

Meriem

CLÉS DE LECTURE 17

Un roman sociologique

Une langue simple et directe

Un détournement

L'absurde

PISTES DE RÉFLEXION 26

POUR ALLER PLUS LOIN 28

Kamel Daoud
Auteur et journaliste algérien d'expression française

- **Né en 1970 à Mostaganem (Algérie)**
- **Quelques-unes de ses œuvres :**
  - *La Fable du nain* (2003), roman
  - *L'Arabe et le Vaste Pays de ô...* (2008), nouvelle
  - *Le Minotaure 504* (2011), recueil de nouvelles

Après avoir suivi un cursus universitaire en littérature, Kamel Daoud décide d'écrire en français, trouvant la langue arabe trop chargée d'idéologie. C'est avant tout comme journaliste qu'il se fait connaitre en Algérie. Entré en 1994 au *Quotidien d'Oran*, il y publie des chroniques avant d'en devenir le rédacteur en chef. Engagé, il participe aux manifestations du « printemps arabe » en 2011. Il publie la même année son recueil de nouvelles, *Le Minotaure 504*, retenu notamment pour le prix Goncourt de la nouvelle. Sensibilisé à la politisation de l'islam et à l'ampleur que prennent les mouvements religieux, il décide d'écrire *Meursault, contre-enquête*, une réécriture de *L'Étranger* d'Albert Camus (écrivain français, 1913-1960) sous un nouvel angle, pour faire prendre conscience à l'Algérie de ses dysfonctionnements.

Meursault, contre-enquête
Une identité nationale en perdition

- **Genre :** roman sociologique
- **Édition de référence :** *Meursault, contre-enquête*, Paris, Actes Sud, 2014, 160 p.
- **1re édition :** 2013 (Algérie), 2014 (France)
- **Thématiques :** crime, identité, Algérie, Albert Camus, absurde, existence

Meursault, contre-enquête est le premier roman de Kamel Daoud. Prix Goncourt du premier roman en 2015, ce récit, directement inspiré de *L'Étranger* de Camus, décide d'aborder un autre point de vue : celui de l'Arabe tué par Meursault, le protagoniste de l'œuvre camusienne. L'écrivain cède la parole à un nouveau narrateur, Haroun, frère du défunt, qui cherche un sens à cette dépersonnalisation de la victime chez Camus.

Au lendemain du « printemps arabe », il souhaite que ses concitoyens – au même titre que tout lecteur – prennent conscience des nouveaux enjeux qu'implique la reconstruction d'un pays : améliorer la situation du peuple, marquer son autonomie face aux puissances mondiales, se détacher de toute idéologie freinant les valeurs révolutionnaires et, surtout, ne pas mêler politique et dogmes religieux.

RÉSUMÉ

UNE IDENTITÉ VOLÉE

Haroun Ouled El-Assasse évoque, de longues années après les faits, l'assassinat de son frère Moussa par un Français prénommé Meursault, sur une plage d'Alger en 1945. La famille du défunt ignore toujours la raison de cet acte. Mais ce qui horripile le plus Haroun, ce ne sont pas tellement toutes ces questions restées sans réponses, sinon l'écriture concise de l'ouvrage publié par l'assassin, *L'Autre*, qui ne laisse aucune trace de son frère. Roman remis entre ses mains dans les années soixante par Meriem, une doctorante, alors que sa mère et lui en ignoraient la parution, sa lecture est un choc.

Persuadé que Meursault, l'auteur de *L'Autre*, doit y avancer les clés de son meurtre et des révélations sur son frère, Haroun est bouleversé : Moussa est uniquement mentionné dans le livre sous la dénomination d'« Arabe », et ce à 25 reprises ! Réduire une vie volée à ce simple mot, est-ce la respecter ? Qui est cet Arabe devenu familier pour tant de lecteurs ? Qui est cette victime que tant de littéraires admirent ? Pour Haroun, c'est comme si le monde entier s'en moquait. Meursault a réussi un tour de force : par la poétique propre à la langue française, le crime s'est effacé au profit du héros. Il est également révolté par les éléments mensongers dudit roman, tels que la mention d'une sœur inexistante. Son frère ne trempait pas davantage dans d'obscures affaires liées au milieu de la prostitution.

La lecture de ce livre, qui aurait dû l'éclairer sur la disparition de son frère, le plonge au contraire dans une perplexité indignée : que sont devenus les témoins ? Pourquoi avoir dissimulé autant d'éléments précieux à la compréhension du meurtre ? Pourquoi ne révèle-t-on pas où est passé le corps disparu de son frère ? Comment en arrive-t-on à rédiger un roman dont la scène du procès est davantage axée sur l'apathie du héros, si indifférent au monde, que sur l'assassinat ?

Parallèlement, le livre bouleverse également la vie de Haroun, qui n'a jamais tourné qu'autour de ce tragique évènement. Car si Meursault a tué Moussa en 1945, il le tue une deuxième fois en passant sous silence l'endroit où le corps de la victime a été emporté, puisqu'il empêche la famille d'organiser de vraies funérailles. Pire : en faisant de Moussa un anonyme dans son récit, c'est un troisième meurtre que Meursault commet. L'assassin a travesti son crime en œuvre d'art et a banni à jamais l'identité d'un homme, comme l'ont fait tous les Français avec l'identité algérienne durant la colonisation. Haroun se consacre désormais à réhabiliter l'identité de l'« Arabe ».

Bon à savoir

Paru en 1942 en pleine Seconde Guerre mondiale (1939-1945), *L'Étranger*, appartenant au cycle de l'absurde de Camus, a pour narrateur Meursault, un Français employé de bureau à Alger qui vient de perdre sa mère. Tout au long du roman, il se caractérise par une profonde apathie et une indifférence marquée pour son environnement, dans lequel il ne semble avoir aucun point d'ancrage ; il subit simplement son existence. Un jour, accompagnant l'un de ses amis à la plage, il lui prend des mains le révolver dont il allait se servir pour tuer son ennemi arabe. Quand Meursault revient plus tard sur les lieux, seul et toujours en possession du révolver, il croise le même individu.

> Dans un état presque hallucinatoire dû au soleil et à la chaleur, il tire et tue l'Arabe. Alors qu'il est arrêté et jugé pour son acte, le procès s'attarde davantage sur son insensibilité face au décès de sa mère plutôt que sur son crime. Il reçoit sa sentence de mort avec la même indifférence. Lorsqu'un prêtre cherche à recueillir le repentir du condamné à mort, ce dernier s'emporte avec violence pour ensuite retrouver le même calme, la même nonchalance face à son destin.

DE L'ERRANCE AU MEURTRE

Depuis l'année 1945, la mère de Moussa et de Haroun n'a qu'une préoccupation : découvrir la vérité sur la mort de son fils ainé. Régulièrement, elle interroge les gens, recherche en vain des témoins, se rend sur les lieux où, dit-on, Meursault a vécu, passe à la police ou à la morgue. Hélas, sans corps, pas de procès-verbal : Moussa a entièrement été effacé du paysage algérien. Mis à part son entourage qui l'accompagne dans un deuil exagéré, c'est seule et emplie de désespoir que la mère recherche un indice qui lui permettrait de comprendre le drame. Sans aucun point d'ancrage dans la réalité, son existence apparait aussi vide et sombre que la tombe de son fils.

Haroun, elle ne s'en préoccupe pas, préférant l'entrainer dans sa folie. Elle réduit son cadet à un être inexistant, dont la seule raison d'être se résume à faire revivre son frère disparu. Ainsi, les seules attentions qu'elle lui porte sont les moments où elle le déguise en Moussa, lui faisant porter les vêtements du défunt, ou lorsqu'il lui fait part de ses investigations sur la mort de son frère. Grâce à sa scolarisation qui lui a appris à écrire et lire le français, il parvient à déchiffrer les deux articles de presse conservés par sa mère, attestant du crime commis sur la plage. Là aussi, Haroun est choqué par le manque de reconnaissance concernant l'identité de son frère : celui-ci n'est cité qu'à travers ses initiales. Heureuse de découvrir pour la première fois ces deux coupures de journaux qu'elle gardait pourtant depuis longtemps, la mère demande à son fils de les lui relire à plusieurs reprises. Pour la réconforter, Haroun se prête au jeu en ajoutant à chaque fois un élément de plus, un détail sur Meursault, sur la couleur du ciel, sur la description du tir, etc.

Parallèlement à ces mascarades littéraires qui érigent le jeune homme en nouvelle Shéhérazade (l'héroïne des *Mille et Une Nuits*), la domination française perd de sa superbe en Algérie. Le pays désire s'affranchir du colonisateur et se bat pour son indépendance. Alors qu'un cessez-le-feu est instauré, Joseph Larquais, essoufflé et craignant d'être massacré par un Algérien irrespectueux de la trêve, saute dans la cour de l'habitation des Ouled El-Assasse. Le Français connait cet endroit : cette villa appartenait auparavant à sa famille. La mère de Haroun était leur femme de ménage et avait promis de veiller sur le bien jusqu'à leur hypothétique retour. Pourtant, elle somme son fils du regard de tuer l'étranger lorsqu'elle le trouve dans le hangar. Bien qu'il ne supporte plus d'être le pantin de sa mère, Haroun tire à contrecœur, imaginant que ce meurtre le libèrera du fantôme de son frère.

Mère et fils enterrent Joseph dans la cour et camouflent la tombe avec un paquet de bouses. Satisfaite de sa vengeance, elle chantonne et sourit. Elle peut à présent vieillir comme le veut l'âge et non plus sous le poids des tracas. Pour sa part, Haroun n'est plus tenu d'être le double de son frère, il peut vaquer à d'autres occupations. Libéré du joug de sa mère, il pourra même s'essayer à l'amour avec

Meriem, la doctorante qui lui révèle l'existence de la publication de L'Autre par Meursault. C'est la lecture de ce livre qui sera l'élément déclencheur de la quête personnelle du jeune homme contre le traitement de son frère, tombé une seconde fois dans l'anonymat. Cette injustice, il décide de ne pas en parler à sa mère puisque cette dernière semble avoir fait partiellement son deuil depuis le meurtre du Français.

D'UNE LIBÉRATION À L'AUTRE

Le 5 juillet 1962, l'Algérie déclare son indépendance. Haroun, lui, est fait prisonnier. L'accuse-t-on du meurtre d'un Français ? Non. On lui reproche plutôt de ne pas avoir pris part à la guerre d'indépendance. Enfermé par sa mère, se battant déjà pour la cause identitaire de son frère, il n'aurait jamais pu prendre le maquis comme les jeunes de son temps l'ont fait. Est-ce pour autant un traitre ? Ne bénéficie-t-il pas de circonstances atténuantes compte tenu de la perte de son frère, mort en martyr aux yeux des membres de la cause algérienne ? Perçu comme un être faible et apathique, Haroun est finalement relâché.

Désirant aller au-devant de sa construction individuelle, il part pour Oran, abandonnant sa mère. Malheureusement, il se rend compte qu'il est toujours incapable d'exister. L'homicide qui aurait dû avoir un effet libérateur sur son esprit est un échec, et la vie n'a plus aucun gout ni aucun prix à ses yeux. D'ailleurs, pourquoi s'attacherait-on à celle-ci alors qu'elle peut vous être enlevée en quelques secondes ? S'il rejetait déjà le religieux dans son enfance, Haroun plonge davantage dans l'athéisme et rejette tous les bigots de la cause islamique. Sans croyance et sans désir pour les femmes, malgré une histoire amoureuse de quelques mois avec Meriem, il n'éprouve plus rien, si ce n'est une impression immense de vide. Si au moins, il avait été puni pour son crime, il aurait connu un semblant de sens. Mais sans procès, sans aucune forme de reproche ou d'intimidation, l'existence en est départie. Il se sent tel un dieu absurde, libre de tout faire sans aucune limite puisque rien n'a d'importance.

De plus, Haroun se désespère de l'état dans lequel se trouve l'Algérie. Indépendante, elle l'est. Mais à quel prix ? Les développements entrepris par les colons sont laissés à l'abandon, les villes et les campagnes ne tirent aucun profit des aménagements réalisés, et l'économie s'effondre. Sous le joug des Français, le peuple algérien avait l'excuse de ne pouvoir agir, car il subissait une oppression. Maintenant libéré, ce même peuple n'entreprend toujours rien et cette fois sans raison. Haroun, devenu un vieil homme, dénonce également l'immobilisme d'une nation qui se réfugie dans des promesses religieuses. Qui peut se déclarer « libre » quand il n'agit plus ? « Ni Dieu, ni Terre », voici le crédo de Haroun, car la religion lui apparait comme un vain refuge, immobiliste, trop traditionaliste et incapable de faire changer les choses et de remuer positivement le pays. Ne se reconnaissant pas dans l'inactivité des autres Algériens, il ne se sent pas non plus membre de cette nation. Serait-il lui aussi devenu étranger à une existence qu'il ne souhaite pas et à un pays qu'il ne reconnait plus ? Malgré tout, l'âge avançant, il se pose une ultime question : devant l'immensité de l'univers et le caractère éphémère de sa propre vie, n'y aurait-il pas finalement une forme de divinité, une sorte d'horloger quelconque qui règlerait le monde, et qui aurait décidé de ne plus s'en mêler ?

ÉTUDE DES PERSONNAGES

HAROUN OULED EL-ASSASSE

Le narrateur du récit, Haroun, est le petit frère de Moussa, l'Arabe qui a été assassiné sur une plage d'Alger en 1945 par un certain Meursault. Pour combler le vide qu'il craint et l'anonymat dans lequel le meurtre de son frère l'a plongé, Haroun livre le récit de son existence à un étudiant, assis à la table d'un café. Il représente une forme de rébellion contre l'absurdité de l'existence et la bêtise d'un pays qui mélange politique et religion depuis son indépendance.

Enfant, bien qu'il déteste l'école, Haroun est tout de même scolarisé et apprend le français. Après le décès de son frère, il aide financièrement sa mère en devenant garçon de ferme et homme à tout faire dans diverses petites propriétés de colons français. Allergique au vendredi qu'il faut passer à la mosquée, il décide, dès son enfance, de devenir agnostique (se dit de quelqu'un qui refuse de réfléchir aux questions métaphysiques, considérant qu'elles resteront toujours obscures pour l'homme). Constatant que l'homme est toujours soumis à une série d'injustices et que le prétendu Dieu n'intervient jamais pour l'aider, il devient ensuite athée. Pourtant, arrivé au seuil de la vieillesse, alors qu'il prend le temps de vivre davantage pour lui-même, la contemplation du monde dans laquelle il se plonge ébranle à nouveau ses certitudes : il ne peut pas y avoir que du vide. Selon lui, il doit bien y avoir eu un commencement à l'existence.

Il vit seul à Oran, dans un appartement situé au troisième étage, en face d'une mosquée dont il déteste la vue. Amateur de vin, il a une raison supplémentaire d'exécrer le vendredi : tous les débits de boisson sont clos ce jour-là. Il apprécie la littérature et reconnait la beauté de la langue française, surtout depuis sa rencontre avec Meriem, la seule femme qu'il ait aimée dans sa vie. Il n'a jamais connu son père ; il sait seulement que son nom vient du fait que ce dernier était veilleur de nuit dans une fabrique. Quant à sa mère, il n'a jamais entretenu de bonnes relations avec elle, et ne lui rend plus visite que de manière sporadique depuis son déménagement à Oran.

MOUSSA OULED EL-ASSASSE

Illettré, Moussa était portefaix (métier qui consiste à porter des fardeaux) au port d'Alger. Il aimait le café, partait tous les matins travailler de bon cœur, rencontrait des amis. Il portait fréquemment un bleu de travail et se promenait toujours en espadrilles. Ses rapports avec sa mère étaient conflictuels : il semblait lui reprocher quelque chose quant à la disparition de son père. S'il entretenait des relations tumultueuses avec la gent féminine, il sortait vraisemblablement avec une certaine Zoubida, jugée beaucoup trop moderne par la mère. Il avait la réputation d'être assez violent et de frapper facilement. Ses liens avec son petit frère étaient également tendus.

Le jour de son assassinat, il avait dit qu'il rentrerait plus tôt. Malgré cela, il n'avait aucune raison de se trouver un jour de l'année 1945 sur une plage à 14 heures, au moment de la sieste. Si l'on sait que Meursault lui a tiré dessus à plusieurs reprises, son corps n'a jamais été retrouvé. Sa tombe existe bien au cimetière El Kettar de Bab El-Oued, mais est entièrement vide.

LA MÈRE

Originaire des montagnes algériennes, la mère de Moussa et de Haroun est mariée de force à un inconnu, dont elle aura deux fils. Par la suite, l'homme disparait sans laisser de trace. Elle perd alors tout contact avec sa famille, et ne se remarie jamais. Bonne à tout faire, puis femme de ménage, elle travaille sans arrêt.

Peu après la mort de Moussa, la mère quitte Alger pour la campagne avec son fils cadet, car ses recherches sur le meurtre ne la mènent nulle part. Hélas, que cette femme soit en ville ou en milieu rural, sa peine ne s'apaise pas : elle souhaite à tout prix connaitre la vérité sur l'assassinat de son fils. Obsédée par son enquête, celle-ci se mue rapidement en folie. Entrées intempestives dans des demeures qui lui sont interdites, insultes proférées à une vieille dame française qu'elle croit être de la famille de Meursault, ou encore tentative d'extorsion d'informations détenues par la police : tout est bon pour récolter des indices. Pour rester insoupçonnée de ces méfaits, elle porte un deuil exemplaire, souvent surjoué. Érigeant son fils en martyr, elle ne se sentira libérée qu'au moment du meurtre commis par son cadet. La vieillesse l'enfermera dans un mutisme total et dans un corps de plus en plus raide.

MERIEM

Algérienne née dans un village de campagne, Meriem est issue d'une famille traditionaliste où la femme n'a rien à dire. Malgré cela, la jeune fille refuse ces valeurs et rejette totalement la figure paternelle à cause de son père polygame. Très cultivée, elle échappe de son milieu en entreprenant des études de lettres à l'université d'Alger. Elle représente la femme libérée, qui ne craint pas son corps et qui refuse d'être opprimée.

C'est dans le cadre de ses cours qu'elle décide de rédiger une thèse sur *L'Autre*. Retrouvant la famille de la vraie victime du récit, Moussa, elle leur transmet le livre. Haroun tombe sous le charme de cette belle femme, et ils vivent une courte relation que le jeune homme prend très au sérieux. Meriem reste trois mois dans le village et vient souvent attendre Haroun sur son lieu de travail lors de la pause de midi. Grâce à elle, Haroun perfectionne son français, à travers les nombreux livres qu'elle lui donne. De retour à Alger, elle continue à lui écrire pendant huit mois, puis cesse pour des raisons inconnues.

CLÉS DE LECTURE

UN ROMAN SOCIOLOGIQUE

L'origine du roman sociologique, aussi appelé roman sociétal, remonte au XIXe siècle. À l'époque, Émile Zola (écrivain français, 1840-1902) est considéré comme l'un des dignes représentants du courant, lui qui voyait ses écrits, tout comme Balzac (écrivain français, 1799-1850) avant lui, comme une épopée sociale. Le roman sociologique présente une observation de la société dans une période contemporaine au contexte d'écriture. Tout comme Zola écrit sur l'exploitation humaine durant l'ère industrielle dans *Germinal* (1885), Daoud évoque les problèmes d'une Algérie incapable de se relever au lendemain de la guerre d'indépendance, et qui éprouve des difficultés à rebondir sur les promesses du printemps arabe. Ce type d'œuvre se veut dénonciatrice et l'auteur se voit investi d'une mission : conscientiser le lecteur aux problèmes de la société actuelle.

Le roman est alors utilisé comme une sorte de laboratoire, de champ d'investigation pour le sociologue qui souhaite comprendre comment la société est considérée à un moment précis de l'histoire et la manière dont la population y réagit. Pour l'auteur, l'important n'est pas de créer de belles phrases ou de développer un sens poétique particulier, mais bien de représenter des phénomènes humains inscrits dans leur temps et dans un milieu socioculturel précis. C'est dès lors le réalisme qui domine : aucun fait n'est masqué, même s'il s'avère hideux.

Meursault, contre-enquête transcrit donc un état de la société tel que l'auteur le perçoit. Au lendemain de la guerre d'Algérie, Haroun constate que la population n'a pas la motivation nécessaire pour redresser le pays. Il décrit lucidement la situation catastrophique du nouvel état : il ne cherche aucune excuse à l'inactivité des Algériens, et reconnaît que la domination française a au moins eu le mérite d'apporter une certaine modernité, de l'emploi, et des industries. Il regrette que ces réalisations risquent de tomber dans l'oubli une fois les colonisateurs repartis. Le narrateur, qui se méfie de la politique si celle-ci est sous le joug de la religion, représente la voix de l'Algérien qui souhaite un développement de son pays. Daoud désire montrer dans son roman que la société algérienne peut s'émanciper et qu'elle est amenée à prendre de l'ampleur sur la scène internationale, pour autant qu'elle ne reste pas embourbée dans des pratiques religieuses ou autres idéologies rétrogrades.

UNE LANGUE SIMPLE ET DIRECTE

Le premier élément qui frappe le lecteur parcourant ce roman est la langue. Elle est simple et use toujours du style direct. Ainsi, Haroun parle bien le français, mais emploie un vocabulaire courant et peu élevé. De plus, on y retrouve de nombreux mots arabes n'ayant pas d'équivalents français ou étant trop proches du contexte algérien pour pouvoir être traduits. Par exemple, *zoudj* est le terme qu'utilise le narrateur pour désigner son frère en tant que double, en tant qu'être issu de mêmes parents, mais au caractère différent. *Gaouri*, pour sa part, désigne les étrangers, et ici tout particulièrement les Français.

Comme le ton du texte est celui du discours annoncé par le narrateur en ces termes « Je vais te résumer l'histoire avant de te la raconter [...] » (p. 15), celui-ci est ponctué de quantité d'apostrophes adressées initialement à l'étudiant venu se renseigner sur le contenu de l'ouvrage *L'Autre*. Mais au-delà de cette mise en scène, il faut percevoir un discours adressé aux lecteurs, et ce dès le début du texte : « Je te le dis d'emblée : le second mort, celui qui a été assassiné, est mon frère » (p. 11) ; ou encore « As-tu vu sa façon d'écrire ? » (p. 12) Jouant le rôle d'interlocuteur direct, le lecteur apporte ainsi au récit une certaine légitimation dans le sens où, l'interrogeant sans arrêt, le narrateur force d'une certaine manière son approbation. Le lecteur n'est pas inactif, il est témoin du récit qui se déroule devant lui. De ce fait, *Meursault, contre-enquête* prend l'allure d'un réquisitoire contre le manque identitaire de l'« Arabe » chez Camus – ou dans l'œuvre fictive *L'Autre* – et d'un plaidoyer pour le réveil des Algériens face à leur propre cause, leur propre révolte marquée, à notre époque, par le printemps arabe.

Nous remarquons donc ici un certain paradoxe entre l'attitude de Haroun et son opinion à propos de l'humanité. En effet, celui-ci explique que depuis qu'il a commis son meurtre, il est indifférent au sort de son prochain et ne lui accorde plus aucune valeur. Pourtant, c'est continuellement à l'autre qu'il s'adresse pour faire vivre son récit, le ponctuant de questions rhétoriques (c'est-à-dire de questions qui n'attendent pas un développement ou une réponse de l'interlocuteur, mais sont simplement présentes pour le pousser à la réflexion ou pour permettre au narrateur de relancer le débat). Ainsi, à la question « Comment dire ça à l'humanité quand tu ne sais pas écrire de livres ? » (p. 23), aucune réponse n'est apportée, mais le lecteur comprend grâce à celle-ci toute la détresse de Haroun. C'est que ce dernier réalise qu'il a besoin d'un tiers pour pérenniser son récit. Sans les générations à venir, sans les lecteurs, sans l'autre, son message restera lettre morte. Un constat absurde s'impose donc : l'autre, rejeté dans son essence même par le personnage de Haroun, est pourtant l'élément-clé du devoir de mémoire que Haroun se donne vis-à-vis de son frère oublié.

UN DÉTOURNEMENT

Pour réaliser son roman, Kamel Daoud s'est inspiré de deux ouvrages de Camus, *L'Étranger*, auquel il donne une sorte de prolongement, et *La Chute*. Cette tradition de la reprise d'une œuvre connue pour lui ajouter un autre pan n'est pas un procédé original de Daoud. Déjà au Moyen Âge, les romans arthuriens, qui jouissent d'un immense succès, connaissent de nombreuses suites. Ainsi, la quête du Graal n'en finit pas d'être réinventée, alternant les différents points de vue, celui du chevalier, du magicien, des diverses dames, etc. Ainsi, telles les continuations des aventures du roi Arthur dans lesquelles Gauvain, son neveu, devient le héros, nous retrouvons ici la poursuite de l'absurde de Camus dans une construction romanesque où Meursault cède sa place à Haroun.

Pour ce qui est de *L'Étranger*, au niveau formel, Daoud s'est imposé une règle : obtenir un nombre de mots proche de celui du roman dont il se veut une suite – soit 32 272 mots. Il fait également de nombreuses références directes au roman de Camus et ponctue son texte de citations – allant du long paragraphe aux quelques phrases éparses – reprises de celui-ci. Ainsi, lors de l'arrestation de Haroun, nous pouvons lire : « On me jeta dans ma cellule, *j'avais un baquet d'aisances et une cuvette de fer*. La prison était située au centre du village [...]. » (p. 111)

De plus, *Meursault, contre-enquête* procède par un effet de miroir. Haroun représente le double de Meursault, mais avec une focalisation opposée : s'ils subissent tous deux leur vie, Meursault vit les évènements du point de vue français, tandis que Haroun adopte la perspective arabe.

- Dans *L'Étranger*, il est impossible pour Meursault de parvenir à faire parler les Algériens. Si quelques voisins ou habitants des quartiers fréquentés par les Français lui répondent, ils le font toujours de manière vague. La plupart du temps, ces derniers refusent de parler à un colon, par peur et parce que Meursault symbolise l'oppresseur. Les Algériens préfèrent donc rester silencieux et ne pas se mêler de l'histoire de l'étranger. Dans *Meursault, contre-enquête*, c'est l'inverse. Aucun témoignage de Français n'est rapporté – le seul qui ait un vrai rôle est cet étudiant, rencontré dans un café et auquel le narrateur s'adresse tout au long du livre. Les colons ne racontent pas l'histoire du meurtre de Moussa, ils ne témoignent pas, ils ne cherchent pas à rétablir la vérité que masque le roman de Meursault. « L'autre » joue à chaque fois le rôle du muet.
- Moussa et Meursault ont des prénoms qui commencent tous les deux par la lettre « M », ce qui accentue l'idée d'un lien entre assassin et victime.
- L'aversion de Haroun pour le vendredi, équivalent du dimanche pour les musulmans, et son dégout du monde après son crime, rappellent constamment son double littéraire camusien, indifférent au monde et détestant le dimanche.

- Si Haroun a toujours sa mère tandis que Meursault l'a perdue, les deux romans jouent sur la même phrase dès l'incipit. Ainsi, *L'Étranger* commence par « Aujourd'hui maman est morte » et *Meursault, contre-enquête* par « Aujourd'hui M'ma est encore vivante », clin d'œil direct de Daoud au premier roman. De plus, si la mère de Haroun n'est pas défunte, elle ne fait pas non plus entièrement partie du monde des vivants, car elle n'existe que dans le deuil de son fils ainé et finit par plonger dans un mutisme complet en fin de vie.
- Le motif de la tombe vide et de la tombe disparue dresse également un parallèle entre les deux textes. Moussa a une tombe fictive puisque son corps n'y est pas présent. Quant à la scène de l'enterrement dans *L'Étranger*, bien que fortement détaillée, elle apparait comme une mascarade lorsque Haroun explique que la tombe de la mère de Meursault n'a jamais été retrouvée.

Les références à *La Chute* sont surtout présentes dans la forme que prend le récit, celle de la confession du narrateur à un inconnu dans un bar. Ainsi, tel l'avocat Clamence, protagoniste du roman de Camus, Haroun se livre à un étudiant dans un café d'Oran, le *Titanic*. Dans le roman de Camus, l'entretien a également lieu dans un café, le *Mexico-City* à Amsterdam. Il faut évidemment voir derrière cet universitaire anonyme tout lecteur, tout Algérien, toute personne qui pourrait s'intéresser à ce récit.

Bon à savoir

Publié en 1956, *La Chute* raconte la confession de Jean-Baptiste Clamence à un inconnu dans un bar d'Amsterdam. L'ancien avocat parisien éprouve le besoin de livrer l'évènement qui a bouleversé son

> existence : le suicide d'une jeune fille, qui s'est jetée d'un pont alors qu'il rentrait chez lui. Alors qu'elle se noie devant lui, il décide pourtant de ne pas lui porter secours. Lui qui était égoïste et narcissique, personnification de l'humanité qui n'aime que le divertissement et qui fuit toute responsabilité, remet alors progressivement toute son existence en question. Sa vie ne peut plus être la même : il éprouve des remords et de la culpabilité. À travers cet incident, il réalise un examen de son « moi », qui l'amène à la révulsion envers le genre humain.

L'ABSURDE

L'Étranger de Camus est une application directe de sa théorie de l'absurde qu'il a plus amplement développée dans son essai, *Le Mythe de Sisyphe* (1942). D'après l'existentialiste (se dit de celui qui considère que l'homme est l'unique maitre de son destin), l'absurde est contenu dans la vie elle-même : quel sens peut avoir cette dernière si chaque jour l'homme reproduit inlassablement les mêmes gestes ? Camus la compare à l'histoire de Sisyphe, personnage issu de la mythologie grecque, qui est condamné à pousser un rocher jusqu'au sommet d'une montagne. Une fois la tâche effectuée, l'énorme pierre dévale la pente, et l'homme se doit de répéter son châtiment à l'infini. Se rendre compte du caractère absurde de la vie n'est pas donné à tout le monde, et ceux qui s'en aperçoivent éprouvent subitement un sentiment de dégout : Meursault l'exprime par son apathie, et Haroun par sa révolte envers une existence, si facilement réduite à néant. Ce qui est absurde en réalité, c'est le temps que l'homme consacre à tenter de conférer un sens à sa vie. Ce besoin de rechercher du sens là où l'être humain est incapable d'en trouver est caractéristique de la quête de preuves et d'indices dans laquelle se lancent Haroun et sa mère pour élucider l'assassinat de Moussa.

Camus explique également dans *Le Mythe de Sisyphe* que le recours à la religion est un leurre, car elle ne fait que remplir de façon illusoire le vide de sens que l'homme ne parvient pas à combler. Ainsi, dans le roman de Daoud, Haroun rejette également le divin. Succomber à la religion tient du suicide philosophique pour l'existentialiste ; il préconise donc à l'homme d'affronter seul son existence, même en étant conscient de son absurdité, car personne ne connait son réel objectif. Cette révolte, Haroun l'entame au moment où il devient lui-même un criminel et refuse de continuer à être le pantin de sa mère. S'il fait face au problème, il sait pourtant au fond de lui que ce combat n'apportera rien : ses paroles se font d'ailleurs l'écho d'un doute permanent. Une fois l'acte commis, il comprend que son existence aura toujours une saveur aigre et qu'il ne l'a pas améliorée en perpétrant ce crime. Au contraire, le meurtre apparait telle une révélation de l'absurdité de sa vie, et dépouille celle-ci de ses richesses et de ses valeurs. Cette fois, Haroun en est pleinement conscient. Pourtant, il se doit de continuer à vivre en pleine connaissance de cause.

Il s'isole alors de la masse, des idées communes et de toute attache religieuse ou familiale. Ainsi, libéré de toute contrainte, il vit une série de moments de lucidité face au monde : les sensations qu'il éprouve dans le cimetière où son frère n'a finalement qu'un cénotaphe en guise de tombe lui permettent de se sentir vivant et de prendre conscience que sa vie est ailleurs, qu'il ne doit pas se contenter d'attendre sa fin. De même, les petits plaisirs au contact de Meriem ou l'observation des foules du haut de son balcon lui prouvent qu'il n'est pas mort comme son frère : s'il a jusqu'ici obéi à sa mère et a, par abnégation, oublié de vivre, il est temps pour lui de prendre les rênes de son existence, de continuer à se révolter.

Si l'absurde ne pardonne pas le crime, la vie est telle que le meurtre n'entraine pas le remords. Toutefois, on peut également choisir d'accomplir des actes pour le bienfait de l'humanité. C'est cette autre parcelle du concept camusien que Daoud pointe dans son roman : il est temps que l'Algérie évolue et devienne un pays correctement dirigé, au-delà de tout sectarisme ou mouvement religieux, pour pouvoir enfin être réellement libre – sinon, pourquoi s'est-elle révoltée ?

PISTES DE RÉFLEXION

QUELQUES QUESTIONS POUR APPROFONDIR SA RÉFLEXION...

- De quelle façon la théorie de l'absurde introduite dans *Le Mythe de Sisyphe* est-elle bien représentée dans ce roman ?
- Comparez les personnages de Meursault, de Moussa et de Haroun. Quelles sont leurs similitudes et leurs différences ?
- Documentez-vous sur le printemps arabe et l'actualité algérienne. Décrivez ensuite le contexte sociopolitique dans lequel Daoud a écrit son roman. à la lumière de vos recherches, y a-t-il dans celui-ci un message actuel pour le peuple algérien ?
- Connaissez-vous d'autres romans qui ont fait l'objet d'un tel travail de réécriture ?
- Pensez-vous que reprendre des passages de *L'Étranger* soit une forme de plagiat ? Pourquoi ?
- Quelles sont les similitudes entre le style de Camus et celui de Daoud ?
- Le désespoir vous semble-t-il un motif suffisant pour en venir au meurtre ? Rédigez un réquisitoire ou un plaidoyer pour le personnage de Haroun, coupable de meurtre.
- Comparez la vie d'Albert Camus à celle de Kamel Daoud. Qu'ont-ils en commun ?
- L'Alger des Français tel que présenté par Haroun correspond-il à l'Alger de l'occupation française ? Comparez la réception du roman en France et en Algérie.

Votre avis nous intéresse !

Laissez un commentaire sur le site de votre librairie en ligne et partagez vos coups de cœur sur les réseaux sociaux !

POUR ALLER PLUS LOIN

ÉDITION DE RÉFÉRENCE

- Daoud K., *Meursault, contre-enquête*, Paris, Actes Sud, 2014.

ÉTUDES DE RÉFÉRENCE

- Camus A., *L'Étranger*, Paris, Gallimard, Folio, 1971.
- Camus A., *La Chute*, Paris, Gallimard, Folio, 1972.
- Camus A., *Le Mythe de Sisyphe*, Paris, Gallimard, Folio Essai, 1985.

SUR LEPETITLITTÉRAIRE.FR

- Fiche de lecture sur *La Chute* d'Albert Camus
- Fiche de lecture sur *L'étranger* d'Albert Camus
- Fiche de lecture sur *Le Mythe de Sisyphe* d'Albert Camus

Retrouvez notre offre complète sur lePetitLittéraire.fr

- des fiches de lectures
- des commentaires littéraires
- des questionnaires de lecture
- des résumés

ANOUILH
- Antigone

AUSTEN
- Orgueil et Préjugés

BALZAC
- Eugénie Grandet
- Le Père Goriot
- Illusions perdues

BARJAVEL
- La Nuit des temps

BEAUMARCHAIS
- Le Mariage de Figaro

BECKETT
- En attendant Godot

BRETON
- Nadja

CAMUS
- La Peste
- Les Justes
- L'Étranger

CARRÈRE
- Limonov

CÉLINE
- Voyage au bout de la nuit

CERVANTÈS
- Don Quichotte de la Manche

CHATEAUBRIAND
- Mémoires d'outre-tombe

CHODERLOS DE LACLOS
- Les Liaisons dangereuses

CHRÉTIEN DE TROYES
- Yvain ou le Chevalier au lion

CHRISTIE
- Dix Petits Nègres

CLAUDEL
- La Petite Fille de Monsieur Linh
- Le Rapport de Brodeck

COELHO
- L'Alchimiste

CONAN DOYLE
- Le Chien des Baskerville

DAI SIJIE
- Balzac et la Petite Tailleuse chinoise

DE GAULLE
- Mémoires de guerre III. Le Salut. 1944-1946

DE VIGAN
- No et moi

DICKER
- La Vérité sur l'affaire Harry Quebert

DIDEROT
- Supplément au Voyage de Bougainville

DUMAS
- Les Trois Mousquetaires

ÉNARD
- Parlez-leur de batailles, de rois et d'éléphants

FERRARI
- Le Sermon sur la chute de Rome

FLAUBERT
- Madame Bovary

FRANK
- Journal d'Anne Frank

FRED VARGAS
- Pars vite et reviens tard

GARY
- La Vie devant soi

GAUDÉ
- La Mort du roi Tsongor
- Le Soleil des Scorta

GAUTIER
- La Morte amoureuse
- Le Capitaine Fracasse

GAVALDA
- 35 kilos d'espoir

GIDE
- Les Faux-Monnayeurs

GIONO
- Le Grand Troupeau
- Le Hussard sur le toit

GIRAUDOUX
- La guerre de Troie n'aura pas lieu

GOLDING
- Sa Majesté des Mouches

GRIMBERT
- Un secret

HEMINGWAY
- Le Vieil Homme et la Mer

HESSEL
- Indignez-vous !

HOMÈRE
- L'Odyssée

HUGO
- Le Dernier Jour d'un condamné
- Les Misérables
- Notre-Dame de Paris

HUXLEY
- Le Meilleur des mondes

IONESCO
- Rhinocéros
- La Cantatrice chauve

JARY
- Ubu roi

JENNI
- L'Art français de la guerre

JOFFO
- Un sac de billes

KAFKA
- La Métamorphose

KEROUAC
- Sur la route

KESSEL
- Le Lion

LARSSON
- Millenium I. Les hommes qui n'aimaient pas les femmes

LE CLÉZIO
- Mondo

LEVI
- Si c'est un homme

LEVY
- Et si c'était vrai...

MAALOUF
- Léon l'Africain

MALRAUX
- La Condition humaine

MARIVAUX
- La Double Inconstance
- Le Jeu de l'amour et du hasard

MARTINEZ
- Du domaine des murmures

MAUPASSANT
- Boule de suif
- Le Horla
- Une vie

MAURIAC
- Le Nœud de vipères

MAURIAC
- Le Sagouin

MÉRIMÉE
- Tamango
- Colomba

MERLE
- La mort est mon métier

MOLIÈRE
- Le Misanthrope
- L'Avare
- Le Bourgeois gentilhomme

MONTAIGNE
- Essais

MORPURGO
- Le Roi Arthur

MUSSET
- Lorenzaccio

MUSSO
- Que serais-je sans toi ?

NOTHOMB
- Stupeur et Tremblements

ORWELL
- La Ferme des animaux
- 1984

PAGNOL
- La Gloire de mon père

PANCOL
- Les Yeux jaunes des crocodiles

PASCAL
- Pensées

PENNAC
- Au bonheur des ogres

POE
- La Chute de la maison Usher

PROUST
- Du côté de chez Swann

QUENEAU
- Zazie dans le métro

QUIGNARD
- Tous les matins du monde

RABELAIS
- Gargantua

RACINE
- Andromaque
- Britannicus
- Phèdre

ROUSSEAU
- Confessions

ROSTAND
- Cyrano de Bergerac

ROWLING
- Harry Potter à l'école des sorciers

SAINT-EXUPÉRY
- Le Petit Prince
- Vol de nuit

SARTRE
- Huis clos
- La Nausée
- Les Mouches

SCHLINK
- Le Liseur

SCHMITT
- La Part de l'autre
- Oscar et la Dame rose

SEPULVEDA
- Le Vieux qui lisait des romans d'amour

SHAKESPEARE
- Roméo et Juliette

SIMENON
- Le Chien jaune

STEEMAN
- L'Assassin habite au 21

STEINBECK
- Des souris et des hommes

STENDHAL
- Le Rouge et le Noir

STEVENSON
- L'Île au trésor

SÜSKIND
- Le Parfum

TOLSTOÏ
- Anna Karénine

TOURNIER
- Vendredi ou la Vie sauvage

TOUSSAINT
- Fuir

UHLMAN
- L'Ami retrouvé

VERNE
- Le Tour du monde en 80 jours
- Vingt mille lieues sous les mers
- Voyage au centre de la terre

VIAN
- L'Écume des jours

VOLTAIRE
- Candide

WELLS
- La Guerre des mondes

YOURCENAR
- Mémoires d'Hadrien

ZOLA
- Au bonheur des dames
- L'Assommoir
- Germinal

ZWEIG
- Le Joueur d'échecs

Et beaucoup d'autres sur lePetitLittéraire.fr

© lePetitLitteraire.fr, 2015. Tous droits réservés.

www.lepetitlitteraire.fr

ISBN version imprimée : 978-2-8062-6553-1
ISBN version numérique : 978-2-8062-6552-4
Dépôt légal : D/2015/12603/261

Conception numérique : Primento,
le partenaire numérique des éditeurs

Printed in Germany
by Amazon Distribution
GmbH, Leipzig